Mehrspeichermodell von Atkinson & Shiffrin, Modelllernen sowie Kurzzeit- und Langzeitgedächtnis

Bibliografische Information der Deutschen Nationalbibliothek:

Die Deutsche Nationalbibliothek verzeichnet diese Publikation in der Deutschen Nationalbibliografie; detaillierte bibliografische Daten sind im Internet über http://dnb.d-nb.de abrufbar.

ISBN: 9783346783295
Dieses Buch ist auch als E-Book erhältlich.

Druck und Bindung: Books on Demand GmbH, Norderstedt Germany
Gedruckt auf säurefreiem Papier aus verantwortungsvollen Quellen

Das vorliegende Werk wurde sorgfältig erarbeitet. Dennoch übernehmen Autoren und Verlag für die Richtigkeit von Angaben, Hinweisen, Links und Ratschlägen sowie eventuelle Druckfehler keine Haftung.

Das Buch bei GRIN: https://www.grin.com/document/1309171

Inhaltsverzeichnis

Abkürzungsverzeichnis

bzw.	-	beziehungsweise
COVID	-	Corona Virus Disease
ggfs.	-	gegebenenfalls
evtl.	-	eventuell
KZG	-	Kurzzeitgedächtnis
LZG	-	Langzeitgedächtnis
SG	-	Sensorisches Gedächtnis
SQ3R	-	Survey, Question, Read, Recite und Review
u. A.	-	unter anderem
z. B.	-	zum Beispiel

Abbildungsverzeichnis

Textteil zu Aufgabe A

1 Das Mehrspeichermodell von Atkinson & Shiffrin

Die beiden Forscher R. C. Atkinson und R. M. Shiffrin veröffentlichten im Jahr 1968 eines der einflussreichsten und bekanntesten Gedächtnismodelle, dass der Frage nachgeht, auf welche Weise das Gehirn Informationen aufnimmt, verarbeitet, abruft und speichert.[1] Eingehende Informationen durchlaufen dabei unterschiedliche Gedächtnisspeicher in einem zeitlichen Ablauf.[2] Unterschieden wird zwischen drei wesentlichen Speichern: sensorisches Gedächtnis (SG), Kurzzeitgedächtnis (KZG) und Langzeitgedächtnis (LZG). Die Speicher unterscheiden sich hinsichtlich ihrer Gedächtnisleistung, Kapazität und Speicherdauer.[3]

Der Gedächtnisprozess unterscheidet grundsätzlich drei Phasen: Enkodierung, Speicherung und Abruf.[4] Beim Enkodieren wird die Information in das Gedächtnissystem aufgenommen und verarbeitet. Anschließend folgt die Speicherung, die darauf abzielt, Informationen umzuwandeln in ein dauerhaftes Behalten. Beim letzten Schritt, dem Abrufen, werden die gespeicherten Informationen zu einem späteren Zeitpunkt abgerufen.

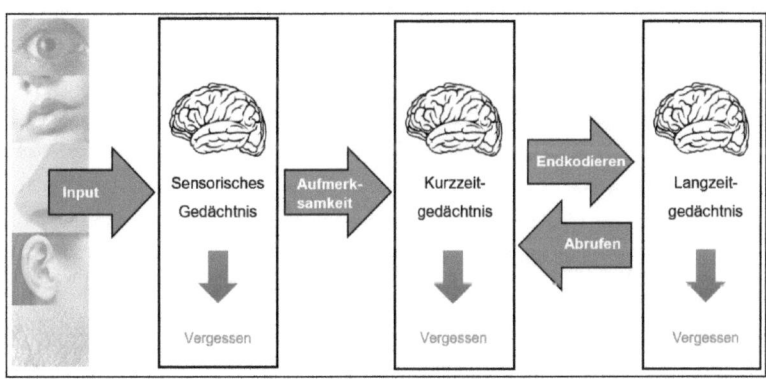

Abbildung 1: Das Gedächtnismodell nach Atkinson & Shiffrin, 1968

(Eigene Darstellung, in Anlehnung an Strobach/Wendt (2019), S. 34)

---

[1] Vgl. Strobach/Wendt (2019), S. 33
[2] Vgl. Imhof (2020), S. 44
[3] Vgl. Imhof (2020), S. 44
[4] Vgl. Gerrig (2015), S. 241

Der Mensch ist tagtäglich zahlreichen Umweltreizen, sowie großen Informationsmengen ausgesetzt. Die eingehenden Informationen müssen jedoch, um sinnvoll in der Umwelt agieren zu können, sorgfältig gefiltert, geordnet und abgespeichert werden. Realisiert wird das Ganze durch den zeitlichen Durchlauf der oben aufgeführten drei Gedächtnisspeicher.

Zunächst gelangen Sinnesreize in das sensorische Gedächtnis. Dort verweilen diese aber nur kurz. Erweckt dieser Reiz ausreichend an Aufmerksamkeit, so wird dieser an das KZG weitergegeben. Mangelt es an Aufmerksamkeit, werden die unwichtigen Informationen vergessen.

Im KZG werden Informationen etwas länger gespeichert. Es ist die mittlere Instanz und besitzt eine Schnittstellenfunktion, die zum einen Informationen aus dem SG erhält und zum anderen bereits gespeichertes Wissen aus dem LZG abrufen kann.

Im LZG werden die Informationen aufgenommen, welche ständig im KZG wiederholt werden oder aber auch diejenigen, welche als wichtig oder interessant erachtet werden. Das LZG dient, wie der Name bereits verrät, der dauerhaften Speicherung an Informationen.

Durch die Anordnung der Speicher ergibt sich eine Kette, welche eintreffende Informationen durchlaufen müssen: 1. Sensorisches Gedächtnis, 2. Kurzzeitgedächtnis und 3. Langzeitgedächtnis.

<u>(1) Sensorisches Gedächtnis</u>

Die erste Instanz ist eine Art Wahrnehmungsfilter, der eintreffende Reize verarbeitet.[5] Reize werden über die fünf Sinnesorgane (Auge, Ohr, Mund, Nase, Haut) wahrgenommen.[6] Ein möglicher Reiz für das Sinnesorgan Auge wären beispielsweise Lichtwellen, welche durch Sehen (Erregung der Rezeptoren: Stäbchen und Zäpfchen der Retina) bewusst wahrgenommen werden.[7] Es wird davon ausgegangen, dass das SG für jede einzelne Sinnesmodalität einen jeweiligen Speicher besitzt.[8] Demnach werden die visuellen Stimuli dem ikonischen Speicher und auditive Stimuli dem echoischen Speicher zugeordnet. Grundsätzlich verweilen auditive Reize länger im SG (5-10 Sekunden) als visuelle Reize (0,5 Sekunden).[9] Das SG wird zwar durch eine sehr kurze Speicherdauer

---

[5] Vgl. Imhof (2020), S. 44 f.
[6] Vgl. Bak (2020), S. 17
[7] Vgl. Zimbardo (1992), S. 143
[8] Vgl. Strobach/Wendt (2019), S. 34
[9] Vgl. Assen (2016), S. 13

gekennzeichnet, besitzt aber eine enorm hohe Aufnahmekapazität. Alle Sinneswahrneh-mungen aus der Umwelt gehen im SG als Rohinformation ungefiltert ein. Um den Men-schen vor einer Reizüberflutung zu schützen, muss der Speicher nach wichtigen und unwichtigen Informationen selektieren. Letzten Endes werden nur die endkodierten und relevanten Informationen zum KZG weitergeleitet, auf die ein gewisser Grad an Aufmerk-samkeit gerichtet wird.[10] Die anderen unwichtigen Informationen werden vergessen.

(2) Kurzzeitgedächtnis

Die vorgefilterten Informationen befinden sich nun im KZG und können dort für 20-30 Sekunden gespeichert werden.[11] Durch ständiges Wiederholen kann verhindert werden, dass Informationen verloren gehen.[12] Das KZG besitzt nur eine begrenzte Kapazität. Im Jahr 1956 fand George Miller mit Hilfe eines Experiments heraus, dass ein Mensch un-gefähr sieben (± zwei) einzelne Informationen gleichzeitig abspeichern kann.[13] Er nannte sie die „Magic 7". Einige Jahre später wurde die Zahl auf vier (± eins) revidiert.[14] Die Kapazität variiert u. A. auch vom Alter, demnach ist die Kapazität als junger Erwachsener im Alter von 17 bis 27 Jahren am größten.[15]

Das KZG ist das Bindeglied zwischen dem SG und dem LZG. Durch die besondere Dop-pelfunktion treffen Informationen aus dem SG, sowie auch die des LZG durch abrufen im KZG ein. So können Informationen im KZG miteinander verknüpft werden.[16] Transfe-riert werden Informationen vom KZG ins LZG durch ständige Wiederholungen. Atkinson und Shiffrin gehen davon aus, dass das Memorieren automatisch geschieht und das KZG nur ein Durchlaufposten darstellt.[17]

(3) Langzeitgedächtnis

Nur wenige endkodierte Informationen aus dem KZG werden auch tatsächlich im LZG ankommen.[18] Wie der Name sagt, werden hier Informationen langfristig abgespeichert. Die eigentliche Herausforderung besteht im Wiederabruf der eingespeicherten Informa-tionen, welche durch unterschiedliche Einflussfaktoren erschwert werden.[19] Die

---

[10] Vgl. Raab/Unger/Unger (2016), S. 118
[11] Vgl. Assen (2016), S. 13; Imhof (2020), S. 45
[12] Vgl. Imhof (2020), S. 46
[13] Vgl. Myers (2014), S. 333
[14] Vgl. Strobach/Wendt (2019), S. 35
[15] Vgl. Myers (2014), S. 333
[16] Vgl. Assen (2016), S. 13
[17] Vgl. Strobach/Wendt (2019), S. 36
[18] Vgl. Raab/Unger/Unger (2016), S. 118
[19] Vgl. Imhof (2020), S. 46 f.

Kapazität des Speichers ist höchstwahrscheinlich unbegrenzt und kann nicht genau fest-gelegt werden.[20]

Grundsätzlich lässt sich das LZG in zwei wesentliche Wissenskategorien unterscheiden. Darunter zählt das explizite Wissen, welches auf Fakten und Erfahrungen beruht, auf die unmittelbar und bewusst zugegriffen werden kann.[21] Des Weiteren gibt es das implizite Wissen, welches die Kenntnisse über Abläufe oder Fertigkeiten speichert, auf diese nicht unmittelbar zugegriffen werden kann und unbewusst sind.[22]

2 Ursachen fehlender Erinnerungen

Es gibt zahlreiche Faktoren für das Vergessen von Erinnerungen. Dabei soll im nachfol-genden Teil eine überschaubare Auswahl betrachtet werden. Ausgegangen wird von ei-nem gesunden und unbeeinträchtigten Gehirn.

Erfolgt eine Übertragung der Information ins LZG, so wird diese vom KZG ins LZG end-kodiert übergeben und eine Spur konstruiert. Bei Bedarf kann das KZG die eingespei-cherte Spur wieder abrufen und bekommt somit die notwendigen Informationen. Dem zugrunde liegt u. A. der Ursprung für Vergessen im Prozess der Speicherung und des Abrufs.[23]

Fehlerhafte Speicherung

Scheitern der Enkodierung

Von allen Umweltreizen lassen sich nur diejenige heraus selektieren und endkodieren, welche wichtig und interessant sind. Die Informationen, die nicht endkodiert wurden, sind verloren und an diese kann man sich auch nicht erinnern.[24] Die nicht endkodierten Infor-mationen werden folglich nicht ins LZG überführt. Das Alter spielt bei der Effizienz der Endkodierung eine beeinflussende Rolle. Bei älteren Erwachsenen arbeiten die Hirnare-ale langsamer als bei jungen Erwachsenen.[25]

---

[20] Vgl. Imhof (2020), S. 45
[21] Vgl. Raab/Unger/Unger (2016), S. 118 f.
[22] Vgl. Raab/Unger/Unger (2016), S. 119
[23] Vgl. Assen (2016), S. 14
[24] Vgl. Myers (2014), S. 351
[25] Vgl. Myers (2014), S. 351

Zerfall

Der Zerfall von Informationen tritt auf, wenn das zeitliche Limit im SG und KZG über-
schritten wurde. Das Vergessen ist zu Beginn am stärksten und pendelt sich zu einem
späteren Zeitpunkt auf einem Niveau ein, welches nach und nach sinkt. [26] Das ständige
Wiederholen kann dem Zerfall entgegenwirken.

Fehlerhaftes Abrufen

Interferenz

Interferenzen sind Gedächtnisinhalte, welche sich gegenseitig beeinflussen, blockieren
oder ersetzen. Es treffen alte, eingespeicherte Gedächtnisinhalte auf neu Erlerntes. Unterschieden wird in proaktive und retroaktive Interferenzen. [27] Die proaktive Interferenz
bezeichnet den Störfaktor von früher Erlerntem auf die Reproduktion neuer Informationen. Umgekehrt die retroaktive Referenz: Dabei werden durch neue Informationen die
Reproduktion von früher Gelerntem erschwert.

Misslingen

Gelerntes ist zwar vorhanden, jedoch kann es durch einen blockierten Zugang nicht abgerufen werden. [28] Ein einfacher Abrufhinweis genügt, damit die Suche Erfolg hat.

Absichtliches Vergessen

Informationen werden absichtlich zum Schutz des Selbstkonzeptes und zur Verminde-
rung von Ängsten von selbst verdrängt. [29] So werden beispielsweise Termine vergessen,
die als unangenehm betrachtet werden (z. B. Zahnarzttermin) oder auch Namen unsym-
pathischer Personen. [30]

**3 Positive Einflussfaktoren auf die Gedächtnisleistung und deren Nutzung
in Verkaufsgesprächen**

Nachfolgend werden nun auf einige positive Einflussfaktoren mit anschließendem Praxistransfer auf die Nutzung in einem Verkaufsgespräch eingegangen.

---

[26] Vgl. Myers (2014), S. 352
[27] Vgl. Myers (2014), S. 353 f.
[28] Vgl. Karimi/Kreddig (2013), S. 66 f.
[29] Vgl. Myers (2014), S. 356
[30] Vgl. Zimbardo (1992), S. 297

SQ3R-Methode:

Die SQ3R-Methode eignet sich zur Strukturierung von Texten und beinhaltet die fünf Schritte: Überblick verschaffen, Fragen stellen, Lesen, Abrufen und Überdenken.[31] Dabei verschafft sich der Lernende zuerst einen Überblick der Thematik. Anschließend werden Fragen an den Text gestellt, um einen neuen Blickwinkel zu erhalten und um sich durch die Verleihung der persönlichen Bedeutung besser erinnern zu können. Die Fragen werden stets im Hinterkopf behalten. Durch das nachfolgende Lesen können weitere Fragen entstehen oder bereits erste Fragen beantwortet werden. Im vierten Schritt (Abrufen) werden sowohl wesentliche Inhalte frei wiedergeben, als auch Antworten auf die gestellten Fragen. Zum Schluss folgt die Überprüfung der eigenen Notizen und die Prüfung, ob alles verstanden und Fragen ausreichend beantwortet wurden.

Praxistransfer: Der Verkäufer kann diese Methode nutzen, um sich auf ein Verkaufsgespräch optimal vorzubereiten. Er muss sich mit den Eckdaten des zu verkaufenden Gegenstands beschäftigen und sich die Inhalte verinnerlichen, um auf alle Kundenfragen agil eingehen zu können. Durch ausreichendes Fachwissen fühlt sich der Kunde gut beraten und tendiert eher zu einem Kauf.

Rehearsal:

Durch ständiges Wiederholen der Lerninhalte werden diese gefestigt.[32] Wie oben erwähnt werden Inhalte im KZG wiederholt und wandern bei ausreichender Verinnerlichung im LZG. Dabei sollten die Zeitabstände des Wiederholens immer weiter hinausgezogen werden.

Praxistransfer: Der Verkäufer könnte Vorteile des Gegenstandes öfters wiederholen, um diese im Gedächtnis des Kunden zu festigen. Sofern keine explizierten Fragen vom Kunden aufkommen, sollten Nachteile nur kurz erwähnt, aber nicht näher darauf eingegangen werden. Die Vorteile sollen vom Verkäufer intelligent eingesetzt werden und ausführlicher umschrieben werden. Kunden kaufen vor allem, wenn der Nutzen gesehen wird.

Mnemotechniken:

Die Assoziation der Lerninhalte mit einer bildhaften Geschichte, in dieser die Informationen lebendig wirken, stellt einen weiteren positiven Einflussfaktor dar.[33]

Praxistransfer: Der Verkäufer könnte wichtige Informationen des Produktes als eine lebhafte Geschichte wiedergeben oder das Ganze durch bildhafte Grafiken ergänzen.

---

[31] Vgl. Myers (2014), S. 14
[32] Vgl. Myers (2014), S. 363
[33] Vgl. Myers (2014), S. 363 f.

Der Kunde kann dadurch die Informationen besser aufnehmen und zu einem späteren Zeitpunkt wieder abrufen. Durch die Geschichte bleibt das Produkt in positiver Erinnerung. So könnte der Verkäufer die Vorteile eines Kaufs strukturieren: „Die Vorteile der Waschmaschine können Sie sich wie ein Haus vorstellen: Das Fundament bildet…".

Chunking:

Beim Chunking findet eine Neukodierung der Informationen statt. Dabei werden einzelne Items in größere und vertraute Einheiten organisiert, damit sie leichter abgerufen werden können.[34]

Praxistransfer: Der Verkäufer muss vorab festlegen, welche Informationsgröße mitgeteilt werden soll. Die Länge des Verkaufsgesprächs sollte nicht zu lange sein, denn sonst wird der Kunde überhäuft von Informationen und das wäre kontraproduktiv. Vielmehr sollte auf eine strukturierte Vorgehensweise mit den wichtigsten Informationen geachtet werden. Natürlich sollte die Produktpräsentation souverän und authentisch gegenüber dem Kunden stattfinden. Es soll erreicht werden, dass der Kunde durch das Verkaufsgespräch nicht überfordert wird und durch die Verunsicherung einen weiteren Termin vereinbaren muss.

Primancy-Recency-Effekt:

Der Effekt hat sowohl Einfluss auf das Lernen, als auch auf die Kommunikation. Die Ersten, wie auch die letzten Elemente können besser im Gedächtnis bleiben, als Elemente, die sich in mittlerer Position befinden.[35]

Praxistransfer: Beim Aufzählen von z. B. Vorteilen, sollte der Verkäufer vorab filtern, welche hervorzuheben sind und durch welche Vorteile sich das Produkt verkaufen lässt. Die ausgewählten Argumente werden auf den Beginn und das Ende der Aufzählung aufgeteilt, da diese beim Kunden eher in Erinnerung bewahrt werden. Bei Nachteilen wäre es umgekehrt: Es müssen zu Beginn und zum Ende hin eher die erwähnt werden, welche am wenigsten negativen Einfluss haben.

---

[34] Vgl. Myers (2014), S. 334
[35] Vgl. Becker-Carus/Wendt (2017), S. 359

Textteil zu Aufgabe B

1 Rolle der Kognition in verschiedenen Formen des Lernens

Die kognitiven Lerntheorien beschäftigen sich mit den Prozessen, die im Inneren des Menschen beim Lernen ablaufen, sobald etwas wahrgenommen wird.[36] Es werden Reize aus der Umwelt aufgenommen, welche durch innere kognitive Vorgänge verarbeitet werden und anschließend eine entsprechende Reaktion folgt.

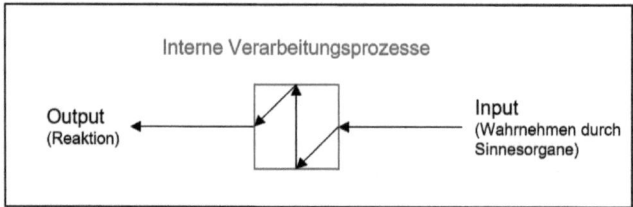

Abbildung 2: Prozesse des Kognitivismus

(Eigene Darstellung, in Anlehnung an Becker-Carus/Wendt (2017), S. 293)

Neben den kognitiven Lerntheorien gibt es u. A. den behavioristischen Ansatz, der sich lediglich auf den In- und Output des Lernens konzentriert, ohne Betrachtung der innerlichen Verarbeitungsprozesse.[37] Durch kognitives Lernen können alleine durch Beobachtungen oder Sprache mentale Informationen erworben werden, wie z. B. Verhaltensmuster.[38] Dafür ist es für den Lernenden nicht nötig, die Erfahrungen selbst zu machen, denn diese können aus der Umwelt erlernt und für sich übernommen werden.[39]
Kognitive Prozesse spielen eine entscheidende Rolle beim Lernen und beeinflussen die Lernergebnisse.[40] In den 1970er Jahre mehrten sich die Hinweise, dass bei der klassischen und operanten Konditionierung, welche zuvor ausschließlich dem Behaviorismus zugeordnet wurden, kognitive Prozesse beteiligt sind.[41]

---

[36] Vgl. Raab/Unger/Unger (2016), S.187 f.
[37] Vgl. Raab/Unger/Unger (2016), S.187
[38] Vgl. Myers (2014), S. 290
[39] Vgl. Myers (2014), S. 290
[40] Vgl. Becker-Carus/Wendt (2017), S. 359
[41] Vgl. Myers (2014), S. 315 f.

Kognition und klassische Konditionierung:

Ein wichtiger Faktor ist die Vorhersehbarkeit. Rescorla und Wagner stellten die These auf, dass wenn zwei wichtige Ereignisse hintereinander auftreten, die Vorhersagbarkeit des zweiten Ergebnisses durch kognitive Prozesse erlernt werden kann.[42]

Im Rahmen der Verhaltenstherapie zeichnen sich ebenfalls Kognitionen ab.[43] Zum Beispiel eine Alkoholentzugstherapie: Therapierende erhalten während ihres Aufenthalts hin und wieder Alkohol, dieser mit Substanzen vermischt wird, um beim Verzehr Übelkeit herbeizuführen. Das Ziel dabei ist, eine Abneigung gegenüber Alkohol zu konditionieren. Ist allerdings den Teilnehmern bewusst, dass nicht der Alkohol die Übelkeit auslöst, so wird die Koppelung (Alkohol – Übelkeit) geschwächt, was zur Folge hat, dass weniger gelernt wird.

Kognition und Operanten Konditionierungen:

Ein Experiment von Skinner mit Ratten zeigte bei fixierten Intervallplänen ein wellenähnliches Muster der Reaktionsraten. Dabei lässt sich beobachten, wie das zur Verstärkung führende Verhalten nach der Verstärkung abnimmt, um mit der näher rückenden Belohnung wieder zunimmt.[44] Es entsteht der Anschein, dass die Lernenden eine gewisse Erwartung entwickeln. Um aber Erwartungen überhaupt entwickeln zu können, sind kognitive Prozesse erforderlich.[45]

Einen Beleg für kognitive Prozesse liefert eine Beobachtung.[46] Ratten, die sich in einem Labyrinth befanden entwickelten kognitive Landkarten, also eine mentale Repräsentation des Labyrinths. Anhand dieser Karten konnten die Ratten den Ausgang, an welchem sich Futter befand, auch dann erreichen, wenn der ursprüngliche, konditionierte Weg versperrt war. Die Ratten eigneten sich kognitive Prozesse (Repräsentation) an. Diese Landkarten eigneten sich auch Ratten an, die keine Verstärkung oder Belohnung bekamen. Das Lernen ohne Belohnung wird als latentes Lernen bezeichnet und ist aus der behavioristischen Perspektive nicht erklärbar.[47]

Auch bei der Kontrolle nehmen kognitive Prozesse Einfluss darauf.[48] Erkennen Teilnehmer, dass sie keine Kontrolle über eine Situation haben (Verhalten führt zu keinerlei

---

[42] Vgl. Myers (2014), S. 316
[43] Vgl. Myers (2014), S. 316
[44] Vgl. Becker-Carus/Wendt (2017), S. 325 f.
[45] Vgl. Myers (2014), S. 318
[46] Vgl. Myers (2014), S. 316 f.
[47] Vgl. Becker-Carus/Wendt (2017), S. 340 ff.
[48] Vgl. Becker-Carus/Wendt (2017), S. 330

Konsequenzen), verfallen sie in eine Hilflosigkeit, welches sich im heutigen Sprachgebrauch als die „gelernte Hilflosigkeit" etabliert hat. Für den Erfolg einer operanten Konditionierung ist es wichtig, dass das Individuum die Situation so interpretiert, dass sein Verhalten maßgeblich die Verstärkung verursacht bzw. kontrolliert.

1917 verzeichnete der deutsche Psychologe Köhler bereits konträre Ansätze zum Lernen durch Einsicht (behavioristischen Konditionierung).[49] Die kognitive Fähigkeit beruht dabei auf Umstrukturierung bzw. Aneignung von Wissen. Um an das Ziel zu kommen bzw. um das Problem zu lösen, werden verschiedene Herangehensweisen ausprobiert, aus diesen die Erkenntnisse genutzt werden zu lernen oder umzulernen. Die daraus gezogenen Lernerkenntnis bewirkt eine Veränderung des Verhaltens, welche stattfindet, sobald sich eine Gelegenheit ergibt, Erfahrungen mit der Realität abzugleichen und zu überprüfen. Durch Deckungsgleichheit bei der Überprüfung wird das Erlernte eingesehen.

Zu den kognitivistischen Lerntheorien gehört u. A. das Modelllernen (auch Beobachtungslernen, soziales Lernen oder Imitationslernen genannt), welches im weiteren Verlauf näher beschrieben wird.

2 Modelllernen

Das Modelllernen ist eine Lerntheorie von Albert Bandura und stellt einen kognitiven Lernprozess dar, welcher auf die Verhaltensbeobachtung von Modellen beruht. Lernen erfolgt nicht durch selbst gemachte Erfahrungen, sondern durch Beobachtung und Imitation des ausgewählten Vorbildes.[50] Ein Modell stellt nicht nur eine reale Person dar, sondern kann auch eine fiktive Person sein.[51] Fiktive Personen existieren in der realen Welt nicht, wie z. B. der Zauberer Harry Potter, und dennoch lässt sich sein Verhalten beobachten und imitieren. Registriert der Beobachter, dass sein Modell für sein Verhalten belohnt oder das Verhalten verstärkt wurde, so tendiert er eher dazu, das Verhalten nachzuahmen oder zu wiederholen.[52] Bandura postulierte vier Prozesse, welche maßgeblich für Aneignung und Ausführung des sozialen Lernens sind: (1) Aufmerksamkeit, (2) Gedächtnis, (3) Reproduktion, (4) Motivation.[53]

---

[49] Vgl. Becker-Carus/Wendt (2017), S. 335
[50] Vgl. Kauffeld (2016), S. 43
[51] Vgl. Kauffeld (2016), S. 43
[52] Vgl. Kauffeld (2016), S. 43
[53] Vgl. Kiesel/Koch (2012), S. 76

(1) Aufmerksamkeit

Zuerst erfolgt die Auswahl des Modells durch den Beobachter. Um ein Modell anzunehmen, muss ein gewisser Grad an Aufmerksamkeit beim Beobachtenden geweckt werden.[54] Dabei richtet der Lernende die Aufmerksamkeit auf relevante Bestandteile des Modell-Verhaltens, sowie auf deren weiteren Folgen.[55] Modelle, welche im Auge des Beobachters attraktiv, erfolgreich und deutlich sprechen, erlangen eine höhere Aufmerksamkeit.[56] Die Attraktivität wird beeinflusst durch Prestige, Macht, Kompetenz und Ähnlichkeit.[57] Ob der Beobachter dem Modell ähnelt, lassen sich durch äußere und innere Merkmale feststellen. Zu den äußeren Merkmalen zählen Kleidung, Alter oder auch Aussehen, wohingegen sich die inneren Merkmale auf Werte, Überzeugung oder Erfahrungen beziehen.

(2) Gedächtnis

Die Beobachtungen werden nun vom Lernenden kodiert und gespeichert, um sie zu einem späteren Zeitpunkt wieder abzurufen.[58] Dabei gelangen die Beobachtungen vom SG zum KZG und verweilen dort kurzzeitig. Die Informationen müssen stetig wiederholt werden, um nicht in Vergessenheit zu geraten, mit dem Ziel der dauerhaften Speicherung und des Wiederabrufs. Die Wiederholung kann dabei auf kognitiver, also gedanklicher, oder auf aktionaler, somit auf handlungsmäßiger, Ebene stattfinden.[59] Dies ist förderlich für das spätere Erinnern. Das Erinnern an das Verhalten kann durch sprachliche Repräsentation gestärkt werden.[60] Die neu gewonnen Beobachtungen werden mit bereits vorhandenen Inhalten verknüpft und ergänzt. Wird das beobachtete Verhalten vergessen, kann es auch nicht abgerufen werden und somit wäre eine Imitation ausgeschlossen.

(3) Reproduktion

An das beobachtete Verhalten soll sich hier erinnert werden, um dann nachgeahmt zu werden.[61] Dabei gibt es gesetzte Grenzen hinsichtlich der physischen[62] und motorischen[63] Fähigkeit. Der Lernende kann nicht jedes Verhalten reproduzieren, wie z. B.

---

[54] Vgl. Kauffeld (2016), S. 43
[55] Vgl. Bak (2019), S. 43
[56] Vgl. Kauffeld (2016), S. 43
[57] Vgl. Kauffeld (2016), S. 43
[58] Vgl. Kauffeld (2016), S. 43
[59] Vgl. Kauffeld (2016), S. 43
[60] Vgl. Kiesel/Koch (2012), S. 77
[61] Vgl. Kiesel/Koch (2012), S. 77
[62] Vgl. Kauffeld (2016), S. 43
[63] Vgl. Kiesel/Koch (2012), S. 77

singen. Nicht alle Menschen haben die gleiche Stimmfarbe und können durch Übung Profisänger imitieren. Dennoch lassen sich gewisse Verhaltensmuster durch Übung lernen, wie z. B. das Jonglieren oder Einrad fahren. Wie gut das Lernen gelingt, ist ausschlaggebend von den Fähigkeiten des Beobachters. Neben den Fähigkeiten muss das Wissen der Verhaltensweise auch gut eingespeichert sein, um diese letzten Endes abrufen zu können. Der Beobachter ist beim Probelauf seiner Nachahmung auf eine Rückmeldung, entweder durch sich selbst oder durch eine weitere Person, angewiesen,[64] um ggfs. Korrekturen einleiten zu können. Schlussendlich ist noch zu prüfen, ob das Verhalten zur gleichen Verstärkung bzw. Belohnung führt, wie zuvor beim ausgewählten Modell.[65]

(4) Motivation

Die Motivation ist ausschlaggebend für die Nachahmung durch den Lernenden.[66] Ist diese nicht vorhanden, so erfolgt kein Lernen und keine Imitation. Wird erwartet, dass ein Verhalten einen Vorteil verschafft, scheint es für den Beobachter erstrebenswert zu sein (operante Konditionierung). Die Selbstwirksamkeit ist ein wichtiger Faktor, wenn es um die Bereitschaft zum Lernen geht.[67] Glaubt der Beobachter an seine Kompetenzen, so kann er bewirken, dass das Verhalten selbst ausgeführt werden kann. Ist die Selbstwirksamkeit ausgeprägt, so ist die Motivation ausreichend vorhanden, das Ziel immer im Sinn zu haben und zu verfolgen.[68]

Die ersten beiden Prozesse lassen sich zusammenfassen zu den Aneignungsprozessen, in denen das Verhalten abgeschaut und abgespeichert wird. Die letzten beiden Phasen bilden die Ausführungsprozesse, bei denen das aufgenommene Verhalten aktiv nachgeahmt wird.

Exkurs: Biologische Betrachtung des Modelllernens

Modelllernen beginnt wahrscheinlich bereits sehr früh und zwar kurz nach der Geburt.[69] Eine wichtige Rolle beim Lernprozess stellen die Spiegelneuronen dar, die von Neurologen durch Zufall im Jahr 1988 entdeckt wurden.[70] Ein Experiment zeigte, dass die

---

[64] Vgl. Kauffeld (2016), S. 43
[65] Vgl. Kauffeld (2016), S. 43
[66] Vgl. Kiesel/Koch (2012), S. 77
[67] Vgl. Kauffeld (2016), S. 44 f.
[68] Vgl. Kauffeld (2016), S. 44
[69] Vgl. Myers (2014), S. 321
[70] Vgl. Engelkamp/Hoffmann, S. 68

Nervenzellen, die bei eigener Ausübung einer Tätigkeit reagieren auch beim Beobachten derselben Tätigkeiten feuern, wenn diese von einem anderen Organismus ausgeführt wird.[71] Es wird eine Verbindung zwischen Beobachter und Modell hergestellt und dabei wird die Hirnaktivität vom Modell auf den Beobachter gespiegelt. Die Spiegelung ist besonders nützlich bei der Imitation und ermöglicht es, sich in andere Individuen hineinzuversetzen. So bekommt z. B. das Sprichwort „Lachen ist ansteckend" eine Bedeutung. Auch beim Gähnen lassen sich Beobachter gerne mitreißen und müssen dann selbst gähnen. Eine Studie am Menschen zeigte, dass bei Schmerzen, die bei einem geliebten Menschen beobachtet wurden, ein ähnliches Aktivitätsmuster ausgelöste wurde, wie bei selbst erlebten Schmerzen.[72]

3 Modellernen als Prävention

Modelllernen kann auch von Nachteil sein, denn das ausgewählte Modell kann einen schlechten Einfluss auf den Beobachter darstellen, welches durch das Lernen angenommen wird.[73] Sehr prägbar ist die Kindheit, in der gelernte Verhaltensweisen meist ein Leben lang beständig sind und höchstwahrscheinlich an weitere Generationen übertragen werden.[74] Daher ist es wichtig, besonders Kinder- und auch Jugendliche vor falschen Vorbildern zu schützen. Es folgen nun Beispiele für antisoziale Vorbilder mit anschließenden Präventionsmaßnahmen.

Besonders für Kinder und Heranwachsende können **Eltern**, welche entscheidend zur Entwicklung des Nachwuchses beitragen, ein schlechtes Vorbild bzw. Modell darstellen. Wenn z. B. Eltern Angst vor Spinnen zeigen, so besteht eine hohe Wahrscheinlichkeit, dass Angstverhalten vom Kind übernommen wird. **Prävention:** Zum einen könnten die Eltern durch Shaping das Angstverhalten reduzieren bzw. dem Kind die Angst gegenüber Spinnen nicht offensichtlich zu zeigen. Shaping ist die sukzessive Annäherung an ein gewünschtes Verhalten.[75] Zum anderen können Kinder auch auf andere Modelle zurückgreifen, wie z. B. der Lehrer oder die Erzieherin, welche pädagogisch ausgebildet sind.

---

[71] Vgl. Engelkamp/Hoffmann, S. 68
[72] Vgl. Myers (2014), S. 321
[73] Vgl. Myers (2014), S. 322
[74] Vgl. Myers (2014), S. 322
[75] Vgl. Becker-Carus/Wendt (2017), S. 328

Der **Fernseher** ist einer der wichtigsten Quellen für Modelllernen.[76] Eine Auswertung von 3000 Sendungen (große Fernsehsender) ergab, dass 6 von 10 Sendungen gewalttätige Inhalte wiedergeben.[77] Demzufolge werden durch das Fernsehen eine hohe Anzahl antisozialer Vorbilder vermittelt. Gewalt und aggressives Verhalten korrelieren miteinander, jedoch ist die Ursachen-Wirkungs-Beziehung der beiden Variablen unbekannt.[78] Kinder und Jugendliche werden bereits früh mit Gewalt konfrontiert. Die durchschnittliche Tagesdauer hängt vom Alter ab und lag im Jahr 2020 bei 220 Minuten, einen leichten Anstieg zum Vorjahr, welches auch durch die aktuelle COVID-19-Pandemie verschuldet sein könnte.[79] **Prävention:** Die Zeit für das Fernsehen könnte wesentlich effizienter durch aktivere Betätigungen, wie reden, spielen, lesen oder sich mit Freunden treffen genutzt werden. Dadurch kann das Modelllernen zumindest durch das Fernsehen minimiert oder sogar ganz verhindert werden. Zumal Fernsehen auch negative Folgen wie z. B. für das Sinnesorgan Auge mit sich bringt,[80] wobei die anderweitige Freizeitgestaltung der Gesundheit weitaus weniger schadet.

Eine weitere wichtige Vorbildfunktion wird in der heutigen Zeit über **Soziale Medien** vermittelt, in diesen sich viele antisoziale Modelle befinden, die durch realitätsfremde Bilder und Videos als Idol zelebriert werden. Vor allem Jugendliche und junge Erwachsene finden dort ihr großes Vorbild.[81] Beispiel: Weibliche Beobachter möchte genauso hübsch und dünn sein, wie das ausgewählte und erfolgreiche Vorbild, welches nur Traumwelten vermittelt und vom naiven Beobachter falsch interpretiert wird. **Prävention:** Die Eltern sollten sich mit den Kindern bzw. Heranwachsenden mit den Vorbildern beschäftigen und offen darüber sprechen, welche Vor- und Nachteile das Vorbild mit sich bringt. Grundsätzlich sollte, ähnlich wie beim Fernseher, für jede Altersklasse die Nutzung Sozialer Medien auf ein Minimum reduziert werden. Zudem muss selbst überlegt und abgewogen werden, ob die gezeigten Inhalte des Idols der Realität entsprechen und um sich ggfs. andere Vorbilder zu suchen.

---

[76] Vgl. Myers (2014), S. 322
[77] Vgl. Myers (2014), S. 323
[78] Vgl. Kiesel/Koch (2012), S. 78 f.
[79] Vgl. Statista (2021)
[80] Vgl. Barmer Magazin (2020)
[81] Vgl. Deutsches Kinderhilfswerk

Textteil zu Aufgabe C

1 Unterscheidung des Kurzzeit- und Langzeitgedächtnisses

Das Kurz- und Langzeitgedächtnis unterscheiden sich in vielen Hinsichten, die an dieser Stelle aufgezeigt werden sollen.

Der erste Unterschied zeigt sich in der **Aufnahmekapazität**. Während das KZG eine begrenzte Kapazität vorweist, wird beim LZG von einer unbegrenzten Aufnahme ausgegangen.[82] Durch die geringe Speicherkapazität des KZG soll vermieden werden, dass alle Information ungefiltert ins LZG gelangen. Nur wichtige und endkodierte Informationen sollen auch langfristig gespeichert werden.

Williams James nimmt eine weitere Unterscheidung hinsichtlich des **Bewusstseins** vor.[83] Demnach sind Informationen oder Ereignisse im KZG unmittelbar im Bewusstsein verfügbar. Hingegen müssen Informationen aus dem LZG, welche bereits in der Vergangenheit liegen, erst ins Bewusstsein gerufen werden.

Die **Speicherdauer** des KZG ist auf ein Minimum beschränkt und beträgt etwa 20-30 Sekunden, bevor entweder der Zerfall der Information stattfindet oder durch zwischenzeitliches Wiederholen etwas länger erhalten werden kann. Das KZG stellt die größte Speichereinheit dar[84] und speichert eingehende Informationen dauerhaft ab. Es findet hier kein Spurenzerfall statt, jedoch besteht die Herausforderung, die eingespeicherten Informationen wiederzufinden und abzurufen.[85]

Im Gegensatz zum LZG besitzt das KZG eine **Doppelfunktion**. Das KZG erhält sowohl Informationen aus dem SG als auch aus dem LZG. Auf die Abhängigkeit soll im folgenden Punkt weiter eingegangen werden.

Eine weitere zentrale Unterscheidung zeigt sich bei den **Interferenzen**. Durch die kurze Speicherdauer im KZG kommt es hier zu keinen Interferenzen zwischen mehreren Informationen.[86] Anders ist das beim LZG: Da hier Informationen auf Dauer eingespeichert werden, kann es durchaus vorkommen, dass sich die Gedächtnisinhalte gegenseitig beeinflussen.

---

[82] Vgl. Imhof (2020), S. 45
[83] Vgl. Engelkamp/Hoffmann, S. 116
[84] Vgl. Imhof (2020), S. 46
[85] Vgl. Engelkamp/Hoffmann, S. 117
[86] Vgl. Engelkamp/Hoffmann, S. 117

2 Abhängigkeit der beiden Gedächtnissysteme

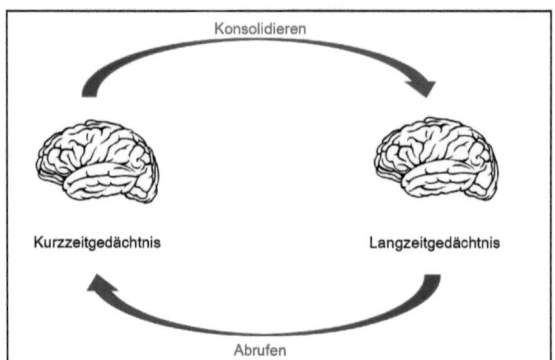

Abbildung 3:   Abhängigkeit KZG und LZG

(Eigene Darstellung, in Anlehnung an Strobach/Wendt (2019), S. 34)

Wie die Abbildung oben zeigt, sind die beiden Gedächtnisspeicher voneinander abhängig. Betrachtet wird zunächst die Konsolidierung, bei denen Informationen vom KZG ins LZG übergehen. Im Nachgang wird auf die gegensätzliche Richtung eingegangen: Das Abrufen von Informationen vom LZG ins KZG.

Konsolidierung:

Die Informationen vom KZG gelangen über zwei verschiedene Weisen ins LZG: automatisch oder aktiv. Die automatische Endkodierung ist die unbewusste Aufnahme von Informationen, während die aktive Endkodierung die bewusste und anstrengende Einspeicherung darstellt.[87] Die Konsolidierungstheorie besagt, dass Informationen einige Zeit benötigen, um langfristig eingespeichert zu werden.[88] Die Inhalte werden durch ständiges Wiederholen, Verstehen und tiefe Verarbeitung ins LZG übertragen[89], wo sie dauerhaft abgespeichert werden. Neben der benötigten Zeit spielt die Anknüpfbarkeit eine entscheidende Rolle. Bestehen bereits Informationen im LZG, werden die neuen, zusätzlichen Informationen einfacher gespeichert, als komplett neue Inhalte ohne existierende Verknüpfungen zum LZG.[90] Es werden nicht nur von außen eintreffende Items

---

[87] Vgl. Becker-Carus/Wendt (2017), S. 371 ff.
[88] Vgl. Becker-Carus/Wendt (2017), S. 373
[89] Vgl. Mangold (2015), S. 120
[90] Vgl. Platz (2019)

gespeichert, sondern auch intern generierte Inhalte, wie z. B. Meinung, Werte, Einstellung oder Gedanken.[91] Die Einspeicherung der eintreffenden Informationen aus dem KZG erfolgen über die semantische, visuelle, akustische oder mentale (Chunking) Weise.[92]

Das LZG ist vom KZG abhängig, denn ohne die Vorselektion würden auch unwichtige Informationen in das LZG gelangen und dies könnte evtl. auf lange Sicht zu einer Überlastung führen, zumal eine Unterscheidung von Wichtigem und Unwichtigem nicht mehr möglich wäre.

Abrufen:

Eine weitere Abhängigkeit der beiden Speicher stellt das Abrufen dar. Nach Mangold greift das KZG auf das Informationsnetzwerk im LZG zu und ruft die benötigten Inhalte ab.[93] Durch den Abruf lassen sich die Vernetzungen verstärken und somit wird eine Verblassung des Wissens reduziert.[94] Abrufe lassen sich in drei Methoden unterscheiden: Freie Reproduktion, erleichterte Reproduktion und Wiedererkennen.[95] Bei der freien Reproduktion werden die gelernten Inhalte ohne Hinweisreize oder Abrufhilfen aktiv abgerufen. Eine Beispielaufgabe wäre: „Nennen Sie die drei positive Einflussfaktoren auf die Gedächtnisleistung". Die erleichterte Reproduktion unterscheidet sich zur Freien durch einen zusätzlichen Hinweisreiz, welcher einen als Priming bezeichneten Assoziationseffekt weckt. Hier würde eine Beispielaufgabe lauten: „Unterscheiden Sie die drei Gedächtnisspeicher (Hinweisreiz: Hinsichtlich der Kapazität, Speicherdauer)." Bei der Wiedererkennung muss lediglich der gelernte Inhalt erkannt werden. So wäre eine Beispielaufgabe: „Welches Gedächtnis speichert Informationen lebenslang ab? [1] KZG, [2] LZG, [3] SG

Das KZG ist wiederum vom LZG abhängig, denn ohne abzurufende Informationen können zum einen eingehende Inhalte mit bereits gespeicherten nicht miteinander verknüpft werden und zum anderen würden Inhalte im LZG nicht ergänzt und vervollständigt werden. Das Lernen an sich wäre damit nicht effizient.

---

[91] Vgl. Becker-Carus/Wendt (2017), S. 373
[92] Vgl. Becker-Carus/Wendt (2017), S. 372
[93] Vgl. Mangold (2015), S. 126
[94] Vgl. Platz (2019)
[95] Vgl. Assen (2016), S. 14

3 Maßnahmen zur Unterstützung des nachhaltigen Lernens im Organisationskontext

Unter nachhaltigem Lernen versteht man das dauerhafte Behalten von gelernten Inhalten und deren späteren Wiederabruf.[96] Das Gelernte gelangt vom SG ins KZG und soll durch unterschiedliche Formen langfristig im LZG abgespeichert werden, um bei Bedarf, zur Bewältigung von unterschiedlichen beruflichen Situationen, verlässlich zur Verfügung zu stehen. Im Kontext zu Organisationen steht der Mitarbeiter als Lernender im Fokus.

Nun stellt sich die Frage, welche Maßnahmen ein nachhaltiges Lernen unterstützen können. Nachfolgend werden einige Maßnahmen mit einem zugehörenden Praxisbezug folgen.

<u>Unterstützung durch Gedächtnisleistung</u>

Bereits bei der Aufnahme der Information kann durch die schon vorgestellten **Mnemotechniken** unterstützt werden. **Maßnahme:** In Schulungen oder Besprechungen könnten die Lerninhalte mit Hilfe von bildhaften Geschichten, Grafiken und/oder Bildern besser vermittelt werden. Durch diese Art der Inhaltsvermittlung wird mehr Aufmerksamkeit bei den Mitarbeitern erweckt und somit können Informationen eher gefestigt werden. Bei einer ausgefallenen Methode der Vermittlung kann es sogar sein, dass das Gelernte automatisch ins LZG gelangt. Die automatische Speicherung ist jedoch immer von der Einstufung der Wichtigkeit des Mitarbeiters abhängig.

Eine weitere hilfreiche Unterstützung zur langfristigen Abspeicherung erfolgt durch das ständige **Wiederholen** der Lerninhalte. **Maßnahme:** Durch regelmäßig stattfindende Austauschrunden soll erreicht werden, dass der Mitarbeiter mit dem Gelernten immer wieder konfrontiert wird. Nach einer gewissen Zeit sind durch die turnusmäßige Wiederholungsrunden die Lerninhalte gefestigt.

Durch das **Verstehen** und die **tiefe Verarbeitung** werden die Lerninhalte ins LZG übertragen. **Maßnahme:** Durch Team-Besprechungen sollen offene Fragen zu den Lerninhalten beantwortet werden und somit Verständnis schaffen. Im Rahmen dessen könnte auch eine spielerische Quiz-Runde stattfinden, welche Aufschluss auf die Differenzen der Mitarbeiter aufzeigen soll. Jedoch ist diese Art nur sinnvoll, wenn sich das Team gut versteht, denn sonst könnte es zu Unmut in der Belegschaft kommen. Abgesehen von Team-Besprechungen und der Quizrunde könnte in regelmäßigen Abständen eine

---

[96] Vgl. Ladner (2013), S. 20

schriftliche und anonyme Befragung bzw. Abfrage stattfinden, um so das Anprangern einzelnen Mitarbeiter in einer öffentlichen Runde zu vermeiden. Auf die Wissenslücken kann anschließend in einer Besprechung eingegangen werden, um durchweg sicherzustellen, dass Lerninhalte von den Mitarbeitern verstanden wurden.

Unterstützung durch Motivation

Nachhaltiges Lernen kann nicht nur durch Beeinflussung von Gedächtnisprozesse unterstützend sein, sondern auch durch die Anregung intrinsischer und extrinsischer Motivation. Neue Lerninhalte werden durch die Motivation vielmehr langfristig behalten.

Die **intrinsische Motivation** ist die Motivation, welche aus der Aufgabe selbst entsteht,[97] weil der Mitarbeiter diese als bedeutsam wahrnimmt. **Maßnahme:** Dem Mitarbeiter könnte die Bedeutsamkeit der Lerninhalte aufgezeigt werden, sowie deren Wichtigkeit für den künftigen und täglichen Berufsalltag. Dadurch könnte sich der Mitarbeiter selbst motivieren die Lerninhalte mitzunehmen und zu verstehen, um sie zukünftig auch in seinem Arbeitsbereich anwenden zu können.

Bei der **extrinsischen Motivation** werden gezielt Anreize gesetzt,[98] um den Mitarbeiter hinsichtlich des lernenden Inhaltes zu motivieren. **Maßnahme:** Es könnte eine regelmäßige schriftliche Abfragerunde stattfinden, bei dem die besten Drei einen Werte-Gutschein gewinnen können. Durch den Anreiz motivieren sich die Mitarbeiter die Lerninhalte zu verstehen und verinnerlichen diese.

---

[97] Becker (2019), S. 141
[98] Becker (2019), S. 141

23

Literaturverzeichnis

Assen, C. (2016), Crash-Kurs Psychologie, Heidelberg.

Bak, P. M. (2019), Lernen, Motivation und Emotion, Allgemeine Psychologie II – das Wichtigste, prägnant und anwendungsorientiert, Berlin.

Bak, P. M. (2020), Wahrnehmung, Gedächtnis, Sprache, Denken – Allgemeine Psychologie I – das Wichtigste, prägnant und anwendungsorientiert, Berlin.

Becker, F. (2019), Mitarbeiter wirksam motivieren – Mitarbeitermotivation mit der Macht der Psychologie, Berlin.

Becker-Carus, C., Wendt, M. (2017), Allgemeine Psychologie – Die Einführung, 2., vollständig überarbeitete und erweiterte Neuauflage, Berlin.

Engelkamp, J, Hoffmann, J. (2013), Lern- und Gedächtnispsychologie, Berlin/Heidelberg.

Gerrig, R. (2015), Psychologie, 20. Auflage, Hallbergmoos.

Imhof, M. (2020), Psychologie für Lehramtsstudierende, 5. Auflage, Berlin.

Karimi, Z., Kreddig, N. (2013), Psychologie für Pflege- und Gesundheitsmanagement, Wiesbaden.

Kauffeld, S. (2016), Nachhaltige Personalentwicklung und Weiterbildung, Berlin/Heidelberg.

Kiesel, A., Koch, I. (2012), Lernen, Wiesbaden.

Ladner, M. (2013), Nachhaltiges Lernen – Gestaltungsnotwendigkeiten kognitiver Prozesse im Rahmen des Nachhaltigen Lernens, München.

Mangold, R. (2015), Informationspsychologie, Berlin/Heidelberg.

Myers, D. G. (2014), Psychologie, 3. Vollständig überarbeitete und erweiterte Auflage, Berlin/Heidelberg.

Raab, G., Unger, A., Unger, F. (2016), Markpsychologie, 4. Auflage, Wiesbaden.

Strobach, T., Wendt, M (2018), Allgemeine Psychologie – Ein Überblick für Psychologiestudierende und -interessierte, Berlin/Heidelberg.

Zimbardo, P. G. (1992), Psychologie, 5. Neu übersetzte und bearbeitete Auflage, Berlin.

Internetquellen

Barmer Magazin (2020), Schadet Fernsehen den Augen? In: https://magazin.barmer.de/tipps/ist-fernsehen-schlecht-fuer-die-augen/, abgerufen am 27.02.2021.

Deutsches Kinderhilfswerk, Mediale Vorbilder – Kinder haben ein Recht auf Schutz. https://www.dkhw.de/schwerpunkte/medienkompetenz/kampagne-medien-wirken-ein-leben-lang/medien-wirken-mediale-vorbilder/, abgerufen am 27.02.2021.

Platz, B. (2019), Wie das Gehirn Erinnerungen verarbeitet. https://www.daserste.de/information/wissen-kultur/w-wie-wissen/Gedaechtnis-100.html, abgerufen am 19.02.2021.

Statista (2021), Durchschnittliche tägliche Fernsehdauer in Deutschland in den Jahren 1997 bis 2020. In: https://de.statista.com/statistik/daten/studie/118/umfrage/fernsehkonsum-entwicklung-der-sehdauer-seit-1997/, abgerufen am 27.02.2021.